なぜと問うのは
なぜだろう

吉田夏彦 Yosida Natuhiko

★——ちくまプリマー新書
287

カバー・本文イラスト　吉田篤弘

目次 ＊ Contents

第3章　「ある」「なし」の問題

第1章

科学というものと哲学というもの

ねこの好奇心と人間の好奇心

子ねこは、たいへん好奇心の強い動物です。このことは、ねこを子どものときから飼った経験のある人なら、だれでも知っていることだと思います。ようやく動きまわることができるようになると、家のうちそとをくまなく探検してまわりますし、虫とか小鳥とかいったものにも、たいへん興味を示すようになります。

それは、かならずしも、虫や小鳥をたべたいからというばかりではなく、それがどんなものかをくわしく知りたいからのようです。

じつは、子ねこだけでなく、一人前のおとなになったねこにも、かなり好奇心の強いものが多いようです。

たとえば、外に出たまま帰ってこないと心配していると、思いがけないほど遠いところで車にひかれていた、などという話をよくききますが、これも、好奇心にかられて、遠くまで出かけて行ったからではないだろうかと考える人がいます。

ですから「好奇心はねこを殺す」ということわざがあるぐらいです。

しらべてみれば、ねこのほかにも好奇心の強い動物は、いくらもいるかも知れません。しかし、動物のなかで一番好奇心が強いのはなにかときかれれば、それは、ほかならぬわたくしたち自身、つまり、人間であるというのが正しい答えではないでしょうか。

子ねこの探検してまわるのは、せいぜい、飼主の家を中心にした町内といったところですが、人間は、まだみていない遠い国にあこがれて、大遠征、大航海に出かけたりします。二十世紀には、とうとう月まで飛んで行きました。

月がどんなところか、ということについては、大むかしから、数知れないほど多くの人が好奇心を燃やし、さまざまな想像をめぐらせてきたのです。そういう好奇心のつみ重ねが、ついにアポロを月におくるところまで、人間の技術を進歩させたともいえるのでしょう。やがては、火星に人類が進出する日もくるのじゃないかともいわれています。

しかし、太陽系の外にある星まで人間が行けるのは、ずっと遠い将来のことでしょう。また、太陽系といっても、太陽そのものに人間が上陸（?）することは、不可能でしょう。太陽はたいへんな高温で燃えている天体ですから、人間が生きたまま近づくことはできないと考えられているからです。

それなのに、人間は、太陽系の外にある、遠い天体のことをいろいろ知っていますし、太陽についても、たとえば、それがどのぐらいの大きさか、そこにはどんな物質があるか、ということまで知っています。

つまり、じかにそこには行かないくせに、いろいろな天体について、多くの知識を持っています。これも、そういった遠いところ、近づけないところにあるものについて、そのありさまをくわしく知りたいという好奇心を人間が持ったからのことでしょう。

その点に、ねこの好奇心と人間の好奇心との大きなちがいがあるように思われます。

つまり、ねこの好奇心は、じぶんが歩きまわれる範囲にあるもの、じかにふれたり、みたりすることができるものにかぎられるのにたいして、人間の好奇心は、それよりもはるかに広い範囲のものにむかっています。

とても行けない遠いところのもの、あるいは、とても近づけないほど危険なものについても、できるだけいろいろなことを知りたいというのが、人間の好奇心です。

それどころか、目にみえないほど小さなもの、たとえば、原子や分子の世界についても、また、だれもおぼえていないほどむかしのことがら、たとえば、人類が発生する以前の地球の様子、さらには、宇宙のはじまりなどについても、知りたがるのが人間の好奇心です。

あるいはまた、死んでしまったあとでどうなるのだろうか、ということにも、人間は好奇心を燃やしてきました。

からだのほうは、ほうっておけばやがてくさってくずれてしまうことは、経験でわかっています。しかし、それで個人も完全になくなってしまうのだろうか。

人間には、からだとはべつに心があって、こちらのほうは、からだが死んだあとでも生きのこるのじゃないだろうか。

もしそうだとすれば、その心はそれからどういう世界に行くのだろうか。その世界には、神や仏や悪魔といったようなものがいるのだろうか。また、その死後の世界から、生きている人間の世界はみえるのだろうか。

　こういう問いの答えを熱心にさがしてきた人が、むかしから、やはり数知れないほどいます。また、現在でも、死後に心の行く世界があると信じていて、その世界のことをいろいろ想像している人が、地球上に、何億となくいるといわれています。

　反対に、「そんなことは迷信だ」といいはる人もまた多数います。そういう人の中にも、いったんは死後の世界のことに好奇心を燃やしたうえで、さまざまな理由から、「そんな世界はないんだ」と考えるようになった人がかなりいるようです。

　つまり、死後の世界、いわゆる天国や来世があると考える人にとっても、そういうものはないと考える人にとっても、死にかんすることがらは、やはり好奇心のむかうことがらであることにかわりはありません。

　しかしながら、おそらくねこは、かなり年をとってからでも、死ぬことについて好奇心を燃やしたりはしないでしょう。

好奇心こそ学問のはじまり

勉強とか学問が、どのようにしてはじまったかということも、好奇心の強い人にとっては、気になることがらの一つです。しかし、いまのところ、たしかなことはわかっていないといってよいでしょう。

ふつう学問といわれるものの中で一番古いものの一つは、記録にもとづいてむかしのことをおしはかる学問、つまり歴史学ですが、いま残っている一番古い歴史の本をみても、学問とか芸術とかいったもののおこりについては、かなり空想的なことしか書いてないようです。

つまり、学問のはじまりについてのたしかな記録というものは、歴史の本を書く人が出てくるようになった大むかしにも、なかったのだと思われます。

それで、これはただ推量によるだけのことですが、学問のおこりは、どうも、人間の好奇心と関係があってのことではないかと思われます。

たとえば、歴史学の効用の一つとして、過去に人間がおかしたまちがいを知り、将来、二度とそのようなあやまりをおかさないようにする、ということがよくいわれますが、歴史学のおこりを、そういう効用をねらってのことだというだけで説明するのには、少しむりがあるようです。

過去のことについてくわしく知りたいという好奇心も、大いにはたらいてのことだったのではないか、と考えたほうがより自然なようです。

とにかく、いま、人びとが歴史学、あるいは、歴史学の成果としての歴史に興味を持つのは、かならずしも実用的な効果をねらってのことではないようです。

たとえば、いま、日本のむかしのことについて書いた歴史の本がたいへんはやっています。専門の歴史学者ではない人たちまでが、遺跡をたずねたり、古い書物を読んだりしたうえで、古代日本のありさまについてのじぶんの仮説というものをたてて、それを本にしています。

そういう本の中にも、たいへんよく売れるものがあります。そういう本を読んだ人が、また、古代日本についてじぶんで研究を始めます。こういったことは、かならずしも実用的な成果をねらってのことではないでしょう。

古代日本のことがわかったからといって、環境問題とか経済問題とかいった、今日当面する問題がただちに解決するわけではありません。

しかし、実用的なこととは、いちおう関係なく、「古代日本のことが知りたい、手にとるようにそのころのことがわかったら、どんなにすばらしいことだろう」と考えている人が多いからこそ、古代日本のことについて論じた本がはやるのでしょう。

また、「遺跡をこわすようなことをしてはいけない」というようなことが、強く叫ばれるのでしょう。

とにかく、学問のはじまりが好奇心と関係があるという想像には、かなりもっともなところがあるようです。

たとえば、西暦紀元前四世紀、つまり古代ギリシアのアテネで活躍したアリストテレスは、ひじょうに多くのことがらについてしらべ、さまざまな分野について体系的な学

プラトン（前427〜前347）――古代ギリシアの大哲学者。ソクラテスの弟子。

問をいくつもおこした人です。ヨーロッパでは「学問の父」とあおがれている大学者ですが、じつは、かれが生まれたとき、もうすでに学問はあったのです。

そのアリストテレスが、やはり、学問のおこりには、好奇心が重要なはたらきをしたにちがいない、という説をのこしています。

アリストテレスのお父さんは医者でしたし、アリストテレス自身も若いころ医学の勉強をしたようです。その後、プラトンという、大学者として名高い人のところで学びましたが、プラトンは、アリストテレスがたいへんよくできる生徒であるといってほめただけではなく、「ときどき先生のわたくしにも手におえないほど、大胆なことをとなえる」といってこぼしたという話もつたわっています。

アリストテレスは、プラトンが死んだあと、独立してじぶんで学校を始めました。そこでの授業を学生が筆記したものや、あるいは授業のためにじぶんで用意したノート、などといったものがたくさん残っています。

そういうノート類をみると、アリストテレスが研究し、また人に教えた学問には、天体の運動を論ずる学問、つまり天文学、物体の運動について論ずる学問、いまのことばでいえば力学、生物のかたちやはたらきについてしらべる生物学などのようなものから、政治や経済のしくみをしらべ、考える学問、道徳的なことがらを論ずる学問、心のことを論ずる学問、芸術について論ずる学問など、じつに多くの種類があることがわかります。

アリストテレス（前384～前322）——古代ギリシアの大哲学者。プラトンの弟子。学校を開いて多くの人びとを教えた。その研究は、論理学、自然学、政治学、倫理学など学問全般におよんだ。

このほか、当時までにすでに

かなり進んでいたと考えられる学問には、さきほどいった医学や、歴史学のほかに、数学があります。

数学は、アジアではインドでかなり古くから研究されていたといわれますが、ヨーロッパでは、古代ギリシアの数学がむかしから有名です。

学問としての数学は、古代ギリシアに始まったと考える人も多いくらいです。アリストテレスは、数学についてはこれといった著作をのこしてはいませんが、数学と関係の深い論理学という学問については、大きな仕事をのこしています。

この論理学というのは、議論の仕方、とりわけ、すじみちをたててものごとを証明して行くやり方を研究する学問です。

じつは、アリストテレスが研究した学問の中でも、有名なものがもう一つあるのですが、それについては、もう少しあとでのべましょう。

哲学というものと科学というもの

アリストテレスは、たいへんむかしの人です。アリストテレスの時代から現在にいたるまで、さまざまなことがおこり、ヨーロッパの学問も、さかんになったり、おとろえたりしました。

しかし、その間、古代ギリシアの学者たち、とくにプラトンやアリストテレスの書きのこした著作は、アラビアをふくむヨーロッパの学者たちに、大きな影響をあたえてきたといわれます。

さて、ギリシア語で学問という意味で使われていたことばが二つあります。それが古代ローマのことば（いまはラテン語といいます）に訳され、さらに、近代ヨーロッパのさまざまな国語に訳されました。

英語では、フィロソフィとサイエンスとがこれにあたります。この二つのことばが、日本語に訳されると、哲学と科学になります。

この二つのことばは、もともとは、それほど区別されずに、おおよそ学問というほどの意味で使われていたようです。そうして、十七世紀になってもなお、たとえば、ニュートンはじぶんの仕事を哲学とよんでいます。

ニュートンの一番有名な著作は、『自然哲学の数学的原理』という題の本です。しかし、今日の常識でいうと、ニュートンのやったことは、自然科学の研究だったということになるでしょう。

ニュートン（1642〜1727）――万有引力を発見したイギリスの物理学者。

つまり、ガリレオとかニュートン、あるいは、化学の父といわれるボイルなどがつぎつぎと、自然をしらべる学問のほうで大きな仕事をするようになってからまもなく、哲学と科学ということばをわけて使うような習慣ができてきたのです。

そうして、今日では、ガリレオやニュートンが始めたといってもよい物理学、ボイルやドールトンがその基礎を築いた化学のことを哲学だという人は、あまりいなくなっています。この二つの学問は、むしろ科学の代表に数えられているのです。

アリストテレスも著作をのこしているぐらいの古い学問である天文学や生物学も、科学に数えられるようになりました。

心のはたらきをしらべる学問、政治や経済のことをしらべる学問は、まだしばらく、哲学とよばれていたのですが、十九世紀になってから、しだいに、科学だといわれるようになってきました。

あるいは、たとえば心のはたらきをしらべる学問には、哲学的なものと、科学的なものとの二種類がある、といわれるようになりました。

ガリレオ（1564～1642）――イタリアの物理学者。地動説を支持したため宗教裁判にかけられました。

そうして、多くの人が、「哲学的なほうは、もう古くさいから、すててしまったほうがいい、科学的なほうの学問を研究したほうがいい」というようになったのです。

一番古い学問の一つである歴史学について

まで、科学的歴史学というようなことばが使われるようになったのです。

そういうことばを使う人の中には、やはり、むかしの歴史学はもう古くさくなったと考え、これからは、科学的に歴史学を研究しなくてはならないと考えている人がおおぜいいるようです。

ボイル（1627～1691）――イギリスの化学者、物理学者。ボイルの法則の発見者。

ドールトン（1766～1844）――イギリスの化学者。科学的原子論の基礎をつくった。

科学のねうちと哲学のねうち

日本はアジアの国です。

徳川時代までは、ヨーロッパとはあまり交流がありませんでしたから、研究されていた学問は、儒教、仏教などの影響を強くうけていたもので、ヨーロッパの学問とはだいぶちがっていました。

それでも、たとえば、数学や医学などでは、かなり水準の高い研究がおこなわれていましたし、歴史の本も多数出版されていました。

明治時代の始まる前後から、ヨーロッパやアメリカとの交通がひらけ、日本人の目からみると、たいへんめずらしいヨーロッパの学問の書物が、どっと入って来たのです。

その中には、ヨーロッパでもじつは比較的新しい学問、つまり、自然科学の書物が多数ありました。数学の本もありました。

幕末から明治にかけて、多くの日本人が、こういったヨーロッパの書物にたいへん感心し、これからの学問は、すべてヨーロッパ流のものにかえなくてはならないと思い込んだというのはよく知られているところです。

ヨーロッパのものなら、なんでもすすんでいる。ヨーロッパ以外の地域のものは、すべておとっている。こうきめつけるのは、まちがいです。

日本がヨーロッパの文化をとりいれようとしたときには、このきめつけに似たまちがいをしたことがないとはいえません。

アジアの諸国からとりいれてきた学問、それをもとにして日本人が発展させてきた学問、その中にも、ねうちのある部分、ヨーロッパの学者がかならずしも、じゅうぶんには注意をはらわなかったものについて、注意ぶかくしらべた部分がたくさんありました。

明治のはじめの、みんなが夢中になって、ヨーロッパ文化をとりいれた時代がすぎたあとでは、こういった点についての反省もおこり、日本の伝統的な文化もあらためてみなおされるようになりました。

それはそれとして、日本がヨーロッパから科学をとりいれたことは、やはり、必要なことだったと思われます。もし科学をとりいれていなければ、おそらく、日本人の生活は、いまにくらべると、たいへんみじめなものだったろうと想像されるからです。

もちろん、科学は、その一ふりによって世界が天国になるといった魔法の杖《つえ》のようなものではありません。使いようによっては、いろいろ困ったことも起きてきます。

また、科学を発展させるのには多くの人びとの、血のにじむような努力が必要です。国民全体がねたまま楽をしていて科学のおかげだけをこうむろう、などというわけにはいきません。

しかし、全体として、科学をとりいれてよかったということはいえると思います。

とにかく、いまの日本では、科学という学問があることは、あたりまえのことになっています。小学校から始まって、大学まで、学校で教えることの大部分は、科学か、科学に関係のあることがらです。

自然現象にかんする学問、つまり物理学、化学、生物学、地学といった学問はもちろんのことですが、歴史学にしても、科学的に教えなくてはいけないと考えている学校や教師が多いようです。

こういう教育を受けているのですから、人によっては、学問といえば科学しかないと考える人もあるくらいです。そうして、それも、考え方によっては、まちがいではありませんん。

さきほどものべたように、科学ということばは、もともとヨーロッパで、学問一般をさすのに使われていたことばの一つの日本語訳なのですから。

しかし、日本が科学を大はばにとりいれだしたころというのは、ヨーロッパではニュートンやボイルの活躍した時代から、少し後の時代、つまり、科学と哲学とがそろそろ区別されだした時代なのです。

ですから、明治のはじめにヨーロッパの文化をとりいれる先頭にたった人は、この区別のあることを知っていました。そのために、わざわざ訳語も二つ、哲学と科学というのをこしらえたぐらいなのです。

そこで、この区別をたてたうえでの話ということになると、学問といえば科学しかないというのは、哲学は、学問としては価値がないというのとおなじことになります。しかし、はたしてそうでしょうか。

じつは、たとえばフランスなどでは、かなり年少のときから哲学を教えますが、日本では大学に入ってからでないと教えません。

それで、義務教育を終えるとすぐに社会人になった人、あるいは、高等学校を出て社会人になった人が、哲学のことをよく知らないことがあるのは、無理もないことです。

しかし、書店には、哲学の本がいくらでも売っています。そういう本の中には、大学に行ったことがない人にも読めるように書いてあるものがたくさんあります。

また、科学でも哲学でもない学問、つまり、日本伝来の学問の中には、高等学校までの教育では教えてくれないものがたくさんあります。

たとえば、国学や、仏教関係の学問がそうです。しかし、大学には行かない人で、そういう学問に興味を持ち、その方面でよい仕事をしている人もたくさんいるのです。

だから、学校でならわなかったから哲学のことは知らない、というのはよいとして、学校で教えていないから哲学は価値のない学問だ、ときめつけるのは、少し早合点だということになりそうです。

哲学とはどんな学問か、しらべてみてから、そのねうちをきめてもおそくはないのじゃないでしょうか。

もっとも、さきほどものべたように、哲学の原産地であるヨーロッパでさえ、このごろは、科学のほうを重んじて、哲学をかろんずる人が多くなってきているのです。だから、哲学のいのちはもうながくないのだ、哲学などを学ぶのは時代おくれだ、と考える人も出てくるかも知れません。

しかし、ヨーロッパでも、哲学をかろんずる人がかならずしも、哲学のことをくわしくしらべたうえで、そうしているわけではないのです。

じつは、哲学と科学とを、いつしかはっきり区別するようになってきたということが、はたして正しかったのかどうか、このごろになって、ヨーロッパやアメリカの学者も反省するようになってきています。

そうして、あらためて哲学的な考え方がだいじだということをいうようになってきています。

科学では説明のつかないこと

まえにもいったように、哲学と科学とは、もともと一つのものでした。哲学も科学も、人間の好奇心をみたすために、発展させられてきたともいえるヨーロッパ派の学問です。それが一般的に、哲学とも、科学とも、よばれてきたのです。では、どういうところで、哲学と科学とが区別されるようになってきたのでしょう。

これについてはいろいろな考え方がありますが、この本では、いちおう、つぎのように説明するところから、話をすすめていきたいと思います。

好奇心をみたすために、人間は、根ほり葉ほり、いろいろなことをたずねます。しかし、その質問は、つづけようによっては、きりがなくなってしまいます。

たとえば、「空はなぜ青くて赤くないのか」という疑問を持った人が、科学者のところに質問にいったとします。

科学者は、親切に、いろいろと説明してくれるでしょう。そうしてそのためには、物理学の理論を持ち出してくることになります。

しかし、「それでは、なぜ物理学の理論をひきあいに出して説明すれば、正しい説明になるのか」という疑問をつづけて出すとしたらどうでしょうか。

そのとき、なお説明をつづけてくれる科学者もいるでしょうが、人によっては、「それは哲学の問題です。科学者の答えることではありません」という人もいることだと思います。

じっさい、科学者にこういう質問をして、こういう答えをもらい、それではというので哲学を勉強するようになった人がいるのです。

つまり、科学は、好奇心をみたしてくれますが、それにはかぎりがあるのです。科学はどんな質問をしても答えを出してくれるというものではなく、「そこからさきは、きかれても困るんだ」というところが、科学にはかならずあるのです。

そうして、それでもそのさきがききたいという人には、哲学が待っているというわけです。

たとえていえば、好奇心の強い人が、科学という車にのって、いろいろな疑問についての答えをさがして行くと、ここからさきは科学的にはきいてもむだだ、という赤信号がたっているところにぶつかるところがあるのです。

では、哲学という車にのりかえれば、そこで信号機は青を出してくれるでしょうか。かならずしも、そうとばかりはいいきれません。哲学に科学で答えられないことが答えられるとしたら、はじめから、科学などはやらないで哲学をやればよさそうなものです。たとえば、ガリレオやニュートンの時代になるまえに、自然のことについてしらべていた学者、そうして、いまでは科学者のなかまには数えられない学者の中には、科学が答えないような疑問にも、どんどん答えを出していた人がいました。しかし、そういう答えは空想的なものだとして、いまでは信用されなくなっています。

つまり、赤信号の前で科学がとまるのには、それだけの意味があるのです。

科学の成功の秘密は、なにもかも答えようとはしないで、赤信号のたっているところがあることに気がついた点にあるとさえいえるぐらいです。

だから、むやみに赤信号の前にとびだそうとしても、話が空まわりになってしまうことが多いのです。

科学が、哲学からわかれるまえのほらふき学者のやり方に、もういっぺんかえろうとしても、あまり意味はないことになりそうです。

しかし、なぜ、赤信号がたっているのかしら、という疑問を持つことはできるでしょう。

また、科学に答えられない問いというものは、どんなことをしても答えられないものなのか、それとも、科学が、それより以前の学問をのりこえて発展してきたように、科学をのりこえるもっとさきの学問があるのだろうか、という疑問もわいてくるでしょう。

つまり、ここで、人は、一つの答えにくい問いにぶつかったことをきっかけにして、「人間がものを知るとはどういうことか。その、知るということには、そこから先にはどうしても行けない、きりというものがあるのか」という問いにぶつかるのです。

哲学というのは、こういった問いに答えようとするところからはじまる学問だともいえるのです。

つまり、ものごとを知ろうという点では科学とおなじことですが、その知ろうとすることがらが、科学とは少しちがう。いまの例でいえば、知ることとか、好奇心とかいったこと自体を問題にするのが哲学です。

さきほどの例でいうと、赤信号を青信号にする妙薬が哲学なのではありません。むしろ、赤信号になったことをあらためて問題にして、いろいろ考えてみようというのが哲学です。その結果、思いがけないところから、まえにすすむ道がみつかるかも知れないし、やっぱり人間にはまえにすすむことができないんだ、ということがわかるかも知れない。

いわば、哲学は、まえにすすむか、とまるか、だけを考えるのではなく、おちついてまわりのことにも注意しろという、黄信号を出すものだともいえるのです。

そこで、学問の場合にかぎらず、いままで一つのことに夢中になっていた人が、なにかのきっかけで、おちついてまわりのことも考えるようになると、「あの人も哲学的になった」ということがあるぐらいです。

とにかく、つぎの章から、哲学とはどんなものかを、もう少しくわしく考えてみることにします。

第2章

哲学という考え方

アリストテレスの考え方

アリストテレスは、まえにものべたように、じつにさまざまのことをしらべ、多くの学問をおこした人でした。

今日では、学問がたいへん進歩していますので、ひとりの学者が、アリストテレスのように、多くの学問を研究するなどということは、むずかしくなっています。

たいがいの学者には、専門があり、その専門の学問についても、一生かかっても解決できないほど多くの問題をかかえているというのが、今日の学者のすがただといってよいでしょう。

アリストテレスも、専門のちがいということは考えていたようです。

たとえば、生物のことをしらべる学問と、天体の動きをしらべる学問とでは、しらべる対象（生物と天体）もたいへんちがっているだけではなく、研究のすすめ方もかなりちがっているということには気がついていたようです。

しかし、それと同時に、アリストテレスは、どの専門の学問にも、共通の部分があるのじゃないかということも、考えていました。

たとえば、どの学問も、空想をのべているおとぎ話ではなく、じっさいにこの世にあるものについてしらべて行くものです。そこで、空想的なことがらではないもの、じっさいにあるものには、共通の性質があるのじゃないか、ということが考えられます。

それはなんだろうか、ということをしらべていく学問のことを、アリストテレスは「第一哲学」とよんだのです。

今日の人間の考えからすると、ひじょうに多くのものに共通することは、それが物質的なもの、つまり、物体だということです。天体も、人間をふくめて生物のからだも、人間がつくり出したさまざまの道具や機械も、みんな物体です。

海や川や空気も、固体ではありませんが、物体だといってよいでしょう。そこで、「世の中には物体しかないのだ。それ以外のもの、たとえばたましいがあると考えるのは迷信だ」と主張する人もいます。

こういう主張を「ただ、物体だけがあるのだ」といっているのだからという意味で「唯物論《ゆいぶつろん》」といいます。

物体のことをしらべる科学は、物理学と化学です。

近ごろは、物理学と化学とが密接につながってきましたので、この二つの学問をまとめて、広い意味での物理学とよぶこともあります。

唯物論者の主張にしたがえば、アリストテレスの第一哲学は、広い意味での物理学だということになるでしょう。

アリストテレスは、先生のプラトンにくらべれば、唯物論に近い考え方をしていたともいえますが、完全な唯物論者ではありませんでした。

アリストテレスは、たましいのことも考えましたし、神のことも論じています。また、物理学や化学は、古代ギリシアには、まだ、ありませんでした。ですから、アリストテレスが残している第一哲学の本の内容は、今日の物理学の内容とは、だいぶちがったものです。

むしろ、生物学の考え方を念頭において書かれたという感じがします。

しかし、アリストテレスは、じぶんの考え方をいきなり書きくだすのではなく、当時までにとなえられていたさまざまの説をとりあげ、その内容をくわしくしらべ、その長所と短所とを論ずるということをしたあとで、そういう先輩たちの説のいいところだけをまとめ、それにじぶんの説を加えるという、たいへんていねいなやり方で第一哲学をしあげています。

そこで、それを読めば、それまでの学問の歴史のこともかなりよくわかります。

また、けっきょくはアリストテレスの説には賛成できないという人の中にも、アリストテレスの注意ぶかい議論のすすめ方には教えられるところが多いという人がいます。

また、アリストテレス本人は知らないことでしたが、かれが死んでからだいぶたって、キリスト教やマホメット教がおこりますと、かれの第一哲学は、宗教の基礎づけに使えるということになりました。

それで、ヨーロッパやアラビアで、宗教に関心を持つ哲学者が、アリストテレスの第一哲学を熱心に研究しました。ですから、アラビアをふくめた意味での西洋文明についてくわしいことを知りたい人は、アリストテレスの第一哲学を読む必要があります。

そういうわけで、アリストテレスの第一哲学の本は、いまでも熱心に読む人が多いのです。そうして、この本は、アリストテレスが死んだあとで、弟子たちがつけた「形而《けいじ》上学《じょうがく》」という名まえで呼ばれるようになっています。

まえに、アリストテレスが研究した学問に、有名なものがもう一つあるといっておきましたが、それはこの第一哲学、つまり、形而上学のことだったのです。

数学的な証明の歴史

アリストテレスが始めた学問といわれている論理学は、すじみちをたてて議論をしていくやり方を研究する学問です。

アジアでは、インドでかなり古くから、とりわけ、仏教関係の学者が論理学を研究していましたが、今日広くおこなわれているのは、ヨーロッパに始まった論理学です。

このヨーロッパの論理学は十九世紀の後半になってから、急にめざましい発達をとげました。それは、数学の証明のしくみをしらべるやり方に、論理学者の興味がむかったことによるのです。

これは、はじめは、論理学が数学的な証明という特殊なことがらのほうにむかってせばまっていったことだと考えられました。

つまり、いままでは、さまざまな学問での証明や、日常生活でおこなわれている議論、といったものを一般的に

古代ギリシアの哲学者たち（ラファエロ作 アテネの学園）

しらべていたのに、急に、せまい専門の中にとじこもってしまったのだ、と思われたのです。

そこで、アリストテレスいらいの古い論理学を重んずる人たちの中には「新しい論理学は、数学の証明については知識をあたえてくれるかも知れない。しかし、一般性がなくなってしまったのだから、その点では古い論理学にはおとっている」という意見をのべる人たちがかなりいました。

しかし、やがてわかったことは、これがみかけのことにすぎず、数学というものは、じつは意外に大きな一般性を持っているということでした。

たとえば「この花は赤い」ということと、「あの花は白い」ということをいっしょにいいたければ、「この花は赤くて、あの花は白い」といえばよいでしょう。これは日本語のことですが、どの国のことばにも、二つのことをいっしょにいうために、二つの文をつなげていういい方があります。

また「この花は赤くはない」というのは、「この花は赤い」ということと反対のことをいっています。

このように、多くの国のことばには、一つの文から、そのいっているのと反対のことをいう文をつくりだすためのもののいい方があります。

こういった、ごくかんたんな、ことばの使い方にかんするしくみを、全部で四つとりだし、これをくみあわせると、数学の出発点にたつことができるのです。あとは、ごくかんたんな証明をしんぼう強く、何回も重ねて行くだけで、数学を発展させて行くことができます。

もっとも、このしんぼう強く証明を重ねて行くことをおぼえるには、あるていどの訓練が必要ですし、数学的に興味のあることを知ろうとすれば、証明のつみ重ね方について、いろいろなこつを知ることも必要です。

しかし、とにかく、数学の出発点は、ふだん人びとが話したり書いたりするのに使っていることばの中にある、だれにでもわかる、ごくやさしいしくみなのです。そうして、そこから、いろいろとこみいったことがらをひきだしていくための手つづきも、一つ一つは、ごくかんたんなものなのです。

これは、この百年あまりの論理学の進歩によってわかったことのなかでも、重要なことであり、根本的なことの一つです。

近ごろは、自然科学だけではなく、社会のしくみをしらべる学問や心のはたらきをしらべる学問にも、数学がたいへん使われるようになりました。

人間のかわりに、数学上の計算や証明をやってくれる機械、すなわち、コンピュータがつくられ、使われるようになりますと、このコンピュータには、ただ計算や証明をするだけではなく、もっとこみいった事務をさばいたり、図面を書いたり、精神的になやんでいる人の相談相手になったり、病気の診断をしたりする能力まであることが、わかってきました。

これも、数学が、ことばの中にある基本的なしくみのくみあわせから発展した学問であることを考えると、べつにふしぎなことではないのです。

つまり、自然科学以外の学問でも、ことばを使ってものごとをのべ、また、議論をすすめます。だから、その結果を整理し、きちんとさせようとすると、ことばの中の根本的なしくみと関係している数学を使うようになるのは、ごく自然なことです。

また、事務をさばいたり、病気の診断をしたりすることも、そのやり方をだれにでもわかるように整理しようとすると、数学的なことばづかいをするのが、より便利だというわけです。

コンピュータによる証明

いままでのべてきたことをもう少しくわしくいえば、つぎのようになるでしょう。

人間がものごとを知ろうとするのには、かんにたよるとか、じっさいに体験してみるとか、本に書いてあることや、えらい人のいうことを信じてみるとか、いろいろなやり方がありますが、その知った（あるいは知ったと思った）ことを、ほかの人につたえるのには、多くの場合、ことばにたよらなくてはなりません。

そのことばにも、使い方がいろいろあります。

詩や小説を書いたり、人びとの涙をさそうような演説をしたりするのも、ことばの大事な使い方の一つです。こういう使い方は、どちらかというと、人びとの感情にうったえる点を重視します。

しかし、これにたいして、学問的なことがらをのべたり、技術的なやり方をつたえたりするときには、正確さということがだいじになってきます。

ことばで正確にものごとをつたえるにはどうしたらよいか。

自然科学では、ガリレオやニュートンの時代いらい、数学的なもののいい方をすればよいということがわかっていました。まえにものべました形而上学や、社会についての学問の方面では、プラトンやアリストテレスの時代いらい、どうも論理学がしらべているような議論の仕方が、だいじらしいということがいわれていました。

この百年あまりの論理学の進歩は、この二つの考え方が、じつはおなじ一つのことがらをさしているのだということを明らかにしたのです。

つまり、多くの国ぐにのことばに共通にみられる、ちょっとみてかんたんではあるが、ごく根本的なしくみをいくつかとりだして、これをくみあわせると数学の出発点ができます。

これは、むかしから、論理学者が考えていたことがらを整理発展させたものでもあるのです。そうして、この出発点から始ってつぎつぎと展開されていく数学の体系は、ものごとを正確にのべるのに適した一つのことばだとみることができるのです。

つまり、現在、多くの学問で数学が使われているというのは、ものごとを正確に表現することばとして、数学が役に立っているということなのです。

コンピュータというのは、けっきょく、数学のことばがわかる機械です。

だから、いろいろなこみいったしごとも、そのやり方を数学のことばでのべることができれば、コンピュータにしてもらえることが多いのです。

とはいっても、数学的なことがらの中にも、コンピュータには苦手で、人間のほうがすぐれていることが、まだまだいくらでもあります。人間にもむずかしいが、コンピュータにとっては、もっとむずかしいだろうと思われる問題もあります。

こういった、コンピュータにはなにができて、なにができないか、といった問題は、いまではコンピュータの専門家が考える問題です。

しかし、この種の問題にかんするごく基本的なことがらは、コンピュータがじっさいにつくられるようになるまえから、つまり、一九三〇年代から、論理学者によって研究されてきたのでした。

また、そのころから、ことばのはたらきをくわしくしらべ、その結果にもとづいて、古くからの哲学の問題をとこうとする哲学がおこりました。この哲学のことを分析哲学といいます。

この分析哲学ははじめ、オーストリアのウィーンを中心におこったのですが、まもなくナチス・ドイツによって弾圧され、この傾向の哲学者はイギリスやアメリカに逃げました。

それで現在では、分析哲学はイギリスやアメリカでさかんです。しかし、オーストリアやドイツにも、その影響を受けた哲学者がまた出てくるようになりました。

分析哲学者には、大きくいって、二つのグループがあります。

その一つは、さきほどのべた、数学的なことばのはたらきに、興味を持つ人たちのグループです。とうぜんこのグループの人たちは、論理学のことも熱心にしらべます。中には、論理学者であり、同時に分析哲学者である人たちがいます。

もう一つのグループの人たちは、数学的なことがらのことには、それほど注意をはらいません。

このグループの人たちの考えでは、ことばのはたらきの中で、数学的にまとめることができない面のほうが、むしろ哲学的にだいじなのです。

たとえば、ものごとの善悪を道徳的に論ずるときのことばのはたらきをしらべることが、哲学的にだいじなことであり、しかも、こういったことばのはたらき方は、数学的なことばのはたらき方とは、大分ちがったものだというのが、この人たちの考えです。

物理学の考え方

唯物論者の考えでは、アリストテレスの第一哲学は、広い意味での物理学です。

しかし、世の中には、唯物論者ではない人たちもおおぜいいます。こういう人たちの考えでは、物理学がとりあつかわないことがらまでふくめて、すべてのものごとに通ずる性質をしらべる第一哲学は、物理学よりもさらに一般的なものでなくてはなりません。

唯物論を主張する人と、これに反対する人と、どちらが正しいのか、という点について、立ち入って論ずることは、もう少しさきにのばしますが、物理学が、きわめて広い範囲のものごとをあつかう学問だということは、いずれにしても事実です。

そうして、たとえば、アリストテレスは、天体の運動を支配している法則と、地上の物体の運動を支配している法則とは、まったくちがったものだと考えていたようですが、物理学では、ニュートンいらい、宇宙の中の物体は、みなおなじ原理にしたがって動いていると考えます。

アインシュタインはニュートンの物理学を大きく修正した人として有名な物理学者ですが、その修正は、いまのべた考え方をさらに徹底させようとしてのことでした。その

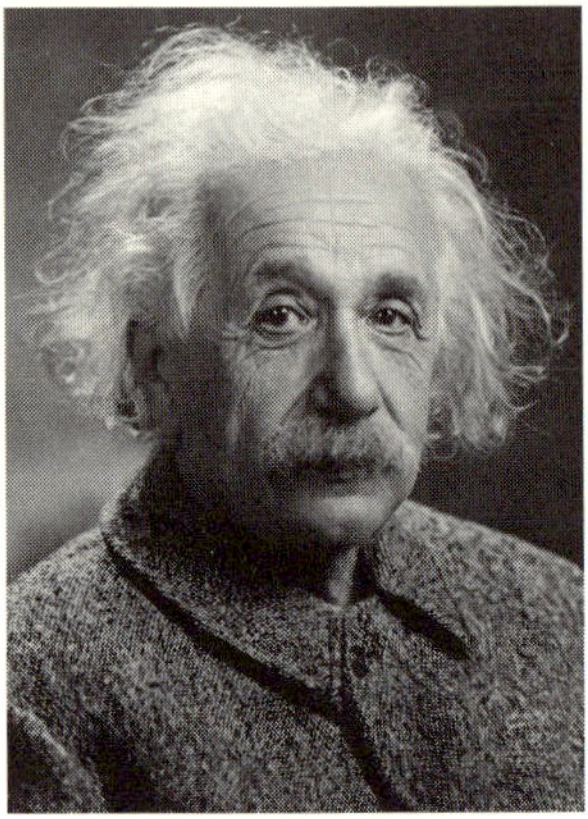

アインシュタイン（1879〜1955）
——相対性理論を発表した物理学者。

うえ、物理学は、発展するにつれ、いままでは神秘的なことがらだとされてきたことを説明するのに成功してきました。

たとえば、雷は、むかしは、心を持っている怪物のしわざだと考えられていましたが、いまでは、物理学がとりあつかうことだということになっています。

人間の心のはたらきの結果といわれていたものも、かなりのていどまで、神経系のはたらきについての物理学的、化学的な説明で、理解できるようになってきました。

こういう点をみると、物理学は、アリストテレスが形而上学の任務だとしていたことを、現代において、かなりのていどまでなしとげている学問だといえると思います。

さまざまの学問がとりあつかうものごとのすべてに共通の性質をとりあつかう、ということは、あるいはいいすぎかも知れません。

しかし、生物学や、心のはたらきをしらべる心理学のとりあつかうものごとについても、かなりの部分までが、物理学にもとづいた説明を使っているということは、物理学の持つ広さを示しているといえます。

つまり、物理学は、きわめて広い範囲のものごとを、ごく一般的な原理にもとづいて説明しようとしている学問、そうして、そのことにりっぱに成功している学問だといえると思います。

形而上学ということばには、直接目にみえることがらを、かならずしも目にはみえないことがらにもとづいて説明する学問、という意味もあるのです。物理学には、この意味で、形而上学的な面もあります。

たとえば、原子や分子という、直接目にはみえないものについての理論をつくり、それにもとづいて、日常、人びとが目にすることがらを説明します。このごろは、技術がすすんで、分子や原子の写真といわれるものもとれるようになってきました。

だから、いまでは分子や原子もみえるようになったともいえます。しかし、分子や原子の話は、じっさいに目で見ることのできる範囲だけではなく、目で見ることのできない、数学的なことばを使ってしか、いいあらわすことのできない範囲のこともいれなくては完全なものにはなりません。

だから、いくら分子や原子の写真がとれても、物理学が、直接は目にみえないもののことを考えて、目にみえるもののことを説明しているという性格に、かわりはないのです。

こうしてみると、物理学のことを現代の形而上学だといってもさしつかえないような気もしてきます。内容はアリストテレスの考えていたものとずいぶんちがっていますが、ねらいからいえば、アリストテレスの第一哲学がねらったところをみごとに実現しているのが、物理学だという感じもしてくるのです。

そのうえ、物理学の発展の歴史をしらべてみますと、ただまっしぐらにまえにすすむだけではなく、ときどき、たいへんむずかしい問題にぶつかってしまい、たちどまって考えるということをしている面があります。

つまり、まえにお話しした赤信号にぶつかり、黄信号のともるのを待つようなところがあるのです。

そのとき、偉大な物理学者は、ふりだしにもどって物理学のことを考えなおし、根本的に新しい方法をみつけだします。このときには、人間がものごとを知るとはいったいどういうことかということまで反省します。だから、物理学は、たいへん哲学的になるのです。

科学と哲学とをあまりはっきり区別しすぎるのはよくないということは、こういった点にもあらわれています。

むしろ、物理学は哲学の一種であり、とくに、赤信号に出あったときには、たいへん哲学的になる学問なのだ、といったほうがよいかも知れません。たとえば、アインシュタインは、大物理学者ですが、同時に、しばしば大哲学者のひとりに数えられています。

ここではくわしくのべることはできませんが、現在の物理学もまた、哲学的な段階にさしかかっているといわれます。

つまり、まっしぐらにまえにすすむことができず、多くの物理学者が、いろいろとまわり道をしながら考えあぐねている、むずかしい問題があるのです。

「について」の学問

物理学とは少しべつの角度から、現代の形而上学を提供しているようにみえるのが、論理学です。

さきほどものべたように、今日では、多くの学問が、数学的なことばを使っています。論理学は、すじみちの立った議論のしくみをしらべることからはじまりましたが、今日では、この数学的なことばの構造をしらべることをおもな任務にしています。

数学的なことばは、出発点や、一歩一歩すすむための手つづきこそかんたんですが、その手つづきを重ねてできあがった体系の全体は、たいへんぼう大なものです。

そうして、この体系を発展させて行くのは数学者のしごとですが、この体系のほねぐみをみわたすのが、論理学者のしごとになっているのです。

といっても、数学と論理学との区別は、かならずしも厳密なものではありませんから、ひとりのおなじ人間が、ときには数学者と呼ばれ、ときには論理学者とよばれることもあります。

数学以外の学問でも、それが数学的なことばでのべられているかぎりでは、やはり、論理学によって、そのほねぐみをみとおすことができるわけです。

この方面での論理学的研究も、しだいに、ほうぼうの国ぐにでおこなわれるようになってきています。こういった、数学や、そのほかの学問の構造をしらべるしごとは、メタ学問とよばれます。メタというのは、ギリシア語からきたことばですが、ここでは「について」という意味です。つまり「メタ学問」というのは「学問についてしらべること」という意味なのです。

生物学は、生物のことをしらべます。天文学は天体のことをしらべます。社会のことをしらべる学問もあります。と同時に、そういった学問についての学問、たとえば、生物学のメタ学問、社会のことをしらべる学問のメタ学問、といったものが考えられるのです。

論理学をメタ学問に使ったおかげで明らかになったことは、多くの学問が、あつかうことがらは種々さまざまであるのに、その理論のくみたて方に共通な点を持っているということでした。

このことは、つきつめていいますと、さまざまの学問によってとらえられているものごとに共通なあるかたちが、学問のかたちという間接的な道をとおって、あらわれてきているということにもなるのです。

たとえば、このごろ、集合ということがやかましくいわれます。

これは、多くの学問が、集合の概念を使ってものごとをのべているということ、もっとくわしくいえば、集合という概念を使って整理すると、多くの学問のいっていることを、たしかに、また、統一的にのべることができることと関係があります。

ですから、集合のことを系統的にしらべることは、さまざまな学問によってとらえられているものごとに、共通な面をしらべることと関係してくるのです。

そこで、集合にかんする研究も、論理学の重要なしごとの一つになっています。

そうして、このしごとは、物理学とはまたちがった意味で、アリストテレスの形而上学のねらいを、現代において受けついでいるものといえるでしょう。

じつは、アリストテレスの先生のプラトンが書きのこしたものの中に、集合の研究が哲学につながるという主張をのべたもののようにも読める部分があります。

それで、集合の研究を重んずる数学者、論理学者、哲学者のことを、現代のプラトン主義者とよぶ人もいるのです。

それはともかく、ここでは、多くのものごとに、できればすべてのものごとに、共通なものはなにかを知ろうとする面に重点をおいて哲学のことをのべました。つまり、ひじょうに一般的なことを知ろうとしている学問としての哲学のことをのべたのです。

しかし、この面は、哲学の一つの面にすぎません。

哲学には、もっとほかの面、ほかの問題もあります。そのことを、つぎの章で紹介したいと思います。しかし、つぎの章でのべることがらと、この章でのべたことがらとのあいだには、じつは深いつながりもあるのです。

哲学では、多くの問題が密接につながっていますので、一つの問題をとりあげれば、しぜんに、ほかの問題もつぎからつぎへと、とりあげなくてはならなくなります。

これが哲学という学問の大きな特色の一つです。

第3章

「ある」「なし」の問題

宇宙人はいるか

空とぶ円盤をみたという人が、ほうぼうにいます。なかには、この円盤から降りてきた宇宙人をみたという人、さらには、宇宙人と話したという人までいます。しかし、そういう人の数は、世界の全人口にくらべたら、ごくわずかです。

空とぶ円盤や宇宙人をみたことのない人の大半は、こういう話はあまり信用できないと考えているようです。みたという人がうそをついているんだろうと考えたり、あるいは、錯覚におちいっているのじゃないか、とうたがったりします。

なかには、半信半疑の人もいますし、「じぶんはみたことはないけれども、こういう話のなかには、ほんとうの話もあるんだろう、じぶんもいつか、空とぶ円盤や宇宙人をみたいものだ」と考えている人もいるようです。

科学者の多くは、空とぶ円盤にのって宇宙人が地球にやってきているという説を信じてはいません。

しかし、「地球とは別の天体で、かなり知能のすぐれた生物が住んでいるものがあるかも知れない。なかには、人間に似た生物、つまり、宇宙人が住んでいる星もあるかも知れない」と考えている科学者は、かなりいるようです。

ところが、少し以前には、地球以外の天体に生物、それも高等生物がいるかも知れないということをみとめていた科学者は、ごく少なかったのでした。

月に住んでいると考えられた人びと――ウイリアム・ハーシェル（1738~1822）というイギリスの天文学者が、じぶんでつくった望遠鏡でみてスケッチしたものといわれる。

第一に、そういう可能性のことをまじめにとりあげて論ずることが、科学者にはふさわしくないことだと考えていた人も多いようでした。

それがどうして、このごろになって、宇宙人がいる可能性を科学者がみとめるようになったのか、このことを考えてみるのも、興味ぶかい問題の一つでしょう。

まず、いえることは、宇宙にかんする科学と生物にかんする科学のいずれもが、たいへん進歩したために、地球とは別の天体に生物がいる可能性についても、かなりたしかな基礎の上にたって、議論ができるようになったということがあるでしょう。

第二には、生物とは何かについての考え方のはばが広くなったことが、この変化の理由としてあげられるでしょう。

むかしは、地球の上にいて、しかも、人間のごく身近なところでくらしている生物だけを中心に、生物のことを考えていましたから、地球のほかの天体の自然条件が地球とちがっているということだけで、その天体には生物がいないということのじゅうぶんな証拠になるということになったのでした。

いまでは、地球上でさえ、たいへんかわった生物がいることがわかってきました。また、生物とよく似たはたらきをする機械が人間の手でつくられ、人間の住んでいるのとはたいへんちがった環境、たとえば海底とか、火星とかにおくりこまれています。

そこで、地球とはかなりちがった条件の星にも、生物がいる可能性があるという考え方が成り立つようになったのです。

ネッシーや雪男はいるか

スコットランドのネス湖に、ふしぎな生物が住んでいるのではないか、という話はたいへん有名です。ヒマラヤ山中に雪男がいるのではないか、という話も、ひところ、人びとの関心をそそった話の一つです。

ネッシーのほうはいまではあまり話題にならなくなりましたが、雪男のほうは、証拠になるものがみつかった、という話がきこえてくることがあります。

じつは、似たような話は、ほかにもいくつもあるのです。

たとえば、ゴリラは、ヨーロッパの人にとっては、ながいこと、いるかどうか、わからない動物だったのです。

アフリカにむかしから住んでいる人たちのなかには、奥地にゴリラがいるという人たちがいましたが、ヨーロッパ人はそのことについて半信半疑でした。しかし、とうとう、ゴリラのほんものに、ヨーロッパ人も出あったので、やはり、話はほんとうだったのだな、ということになったのです。

いまでは、世界じゅうのほとんどの国の動物園にゴリラがいます。日本にもいますから、みた人たちは何人もいるでしょう。

このように、話だけがあって実物がまだみあたらないもののことを、新聞などはよく、「まぼろしのなになに」といいます。

ゴリラはヨーロッパ人にとって、かつては「まぼろしの動物」だったのですが、今日では現実のものになっているわけです。

ネッシーや雪男はいまのところ、世界の大多数の人にとって、まだまぼろしの動物、まぼろしの人間です。つまり、それをみたという人たちも少しはいて、その話は伝わっているのですが、それをきいて、「それではじぶんの目でたしかめてみよう」と出かけた人たちは、ほとんど、実物にお目にかかることができないでいるのです。

目にみえるものとみえないもの

ネッシーや雪男は、ひょっとしたら、みつかるかも知れません。

つまり大都会につれてこられて、だれでもみたり、会ったりすることができるようになるかも知れないものです。

では、宇宙人のほうはどうかというと、これも、会ったという人たちの話がほんとうなら、世界じゅうの人が宇宙人に会える日がすぐくるのかも知れないのです。

しかし、さきにもいったように、宇宙人に会ったという話は眉つばものだといって信じない人がおおぜいいます。そうして、この信じない人の中に、ほかの天体、それも、地球からかなりはなれた星に、宇宙人のいる可能性はみとめている人がいるのです。

つまり、ここで、いるか、いないかの問題に答えを出すのに、二つのやり方があることがわかります。

一つは、ゴリラやネッシーや雪男の場合のように、だれでもじかに目でみたり、手でさわったりできるようになることで、いるということに決着がつく場合には、とにかく実物をつれてくることが、答えを出すのに、一番たしかな方法です。

遠くの天体にいる宇宙人の場合には、直接地球につれてくることは、とうぶんのあいだ問題になりません。しかし、さまざまの証拠をもとにして、いるかいないかを、おしはかることができるわけです。

この時、科学者がどのような証拠と、どのような推論のすすめ方にもとづいて、答えをだすのかをくわしくしらべることは、興味のあることです。

そういうことをしらべることにより、科学について多くのことをまなぶことができるでしょう。

世の中には、じかに目にみえるもの、手でさわれるものしかないのだ、と考えている人がいます。

しかし、科学は、たとえば宇宙人のようなものを考えるのですから、こういう人たちよりは、もう少し広い立場でものを考えているのだといえるでしょう。

といっても宇宙人は、遠い将来、人間が出あう、つまり、じかに目でみるようになる可能性のあるものです。ところが、科学は、じかに目でみることは決してできないもののことも、考えます。

たとえば、太陽は、地球の上でさえ、その方向をまともにみていたのでは、目がつぶれてしまいます。

大いそぎでちらとみることはできますが、地球と太陽のあいだの距離の大きさを考えれば、これは、じかにみた、つまり、手でふれることができるほどのところにみた、ということにはならないのです。

手でふれるほど太陽に近づいてそれを肉眼でながめるということは人間にはまずできそうにない、ということは、ほかならぬ科学がおしえてくれることですが、もちろん、科学は太陽があることをみとめたうえで、そういうことをのべているわけです。

それだけではありません。科学は、遠いかなたにある天体で、望遠鏡を使ってもみることができないものが、無数にあると教えています。

原子や分子のような、たいへん小さいもののことを考えるということについては、すでにのべました。

こうして、いるとか、あるとかいうことをきめるのには、少なくとも二つのやり方があることがわかります。

一つは、じかに目でみたり、手でさわったりして、そのものがいること、あることをたしかめるやり方です。もう一つは、いろいろな証拠にもとづき、科学的な推論を重ねて、いるかいないか、あるかないかをおしはかるやり方です。

この第二のやり方で、いるとか、あるとかきめられたものの中には、いつかは、第一のやり方でもそのことがたしかめられるようになる、つまり、じかにみたりふれたりすることができるようになる可能性のあるものもあります。

しかし、なかには、そういう可能性は、まったくないものもあるのです。

「ある三角形」と「ない三角形」

三角形の面積を出す公式は、「底辺のながさかける高さかける二分の一」であることは、だれでも知っているでしょう。

しかし、三角形の各辺のながさだけがわかっていても、面積をもとめることができます。

つまり「ヘロンの公式」というのがありまして、三辺のながさを、それぞれa、b、cとすると、面積は、

$$\sqrt{\frac{a+b+c}{2}\times\frac{b+c-a}{2}\times\frac{a+c-b}{2}\times\frac{a+b-c}{2}}$$

となるのです。

平方根がかかるので、書いて計算するのには少しやっかいな公式でしたが、このごろのように、平方根をもとめるキーがついている電卓が安くなってきますと、この公式を

応用することもかんたんなことでしょう。

ところで、それでは、三辺のながさが、それぞれ、8センチ、4センチ、3センチの三角形の面積はどうなりましょうか。ヘロンの公式や電卓を使っても、この答えを出すことはできません。

というのは、じつはこんな三角形はないからです。つまり、三角形の二辺のながさの和は、かならず、他の一辺のながさより大きくなることになっているのに、この三角形では、二番目の辺のながさ4センチと、三番目の辺のながさ3センチをたした7センチが、一番目の辺のながさ8センチより小さいからです。

ヘロンの公式の、a、b、cのところに、それぞれのながさをいれてみますと、答えとしては、負の数の平方根が出てくるのですが、面積は、決して負の数の平方根にはならないのです。

さて、いま、辺のながさがそれぞれ8センチ、4センチ、3センチの三角形があるかないかを問題にすれば、答えは、「そんな三角形はない」ということになったのでした。

三辺のながさを、それぞれ5センチ、4センチ、3センチの三角形ならありますし、その面積も計算できます。

こうした、三角形の「ある、なし」はどうしてわかるのでしょうか。じかにそういう三角形をみることによってでしょうか。

紙の上に、目もりのついた定規を使って、まず、3センチの線分をひきます。つぎにその一つのはじに、4センチの垂線をたてます。そのうえで、その垂線のてっぺんと、3センチの線分のもう一つのはじをむすぶ線分をひきます。そうして、この線分のながさをはかると、5センチになっているでしょう。つまり、目でみえる三角形が書けたわけです。

しかし、うるさいことをいいますと、かなり気をつけて書いても、5センチきっちりになるとはかぎらないでしょう。3センチの線分にしても、4センチの線分にしても、物さしのきざみ目のふとさまで考えると、完全にきっちり、3センチ、4センチになっているかどうかは、わからないともいえます。

また、定規のへりも、顕微鏡でのぞいてみれば、かなりでこぼこがあるのがふつうでしょう。だから、書きあげた図形は、ひじょうにうるさいことをいえば、三角形ではないともいえるわけです。

つまり、辺のながさがそれぞれ3センチ、4センチ、5センチの三角形を、たしかに、目でみるということは、かならずしも、たやすいことではありません。

しかし、そういう三角形はあるか、ないか、といわれれば、数学者は、「ある」と答えるでしょう。

では、辺のながさをそれぞれ3センチ、4センチ、8センチの三角形はあるか、ときかれれば「ない」と答えるでしょう。

このときの「ある」「なし」のきめ方は、どのようなものでしょうか。さきほどのべたことからいって、じかにみえるか、みえないかによるのではなさそうです。

では、証拠にもとづいて、自然科学的な推論をおこなえば、あるか、ないかきまるのでしょうか。

そうでもなさそうです。なぜなら、数学者は、科学者とちがって、実験とか観察とかによって証拠をあつめることはしないからです。

三角形の場合についていえば、数学者は幾何学の公理といわれるものを出発点にします。

そうして、論理的な手つづきで、この公理から、定理といわれるものをひきだすのです。

その定理の中に、「二辺のながさの和が、一辺のながさをこえないような三角形はない」という文があるのです。つまり、公理の正しさをよりどころにして、三角形のあるなしを論ずるのです。

では、公理が正しいことは、どうしてわかるのでしょうか。このことについては、いろいろな意見があります。その中で、有力なものの一つは、つぎのようなものです。

紙の上に、定規とコンパスをつかって、いくつもの図形を書く。うるさいことをいえば、その図形の線は、完全な直線や完全な円ではない。

しかし、だれでもそういう図形をみること、あるいは書くことを通じて、円や直線のことについてのべている公理の正しさが直観的にわかるのです。

この意見が正しいとしますと、幾何学の出発点には、図形を目でみたり、手で書いたりすることがあるわけです。その意味では、幾何学と自然科学とは似ていることになります。

しかし、この考え方を、数学の全体にあてはめるわけにはいきません。

「ある数」と「ない数」

数学者が「ある」「なし」を論ずるのは、三角形や円のような図形だけではありません。

たとえば、

$$x^2 = 4$$

という条件をみたす数 x があるかどうか、あるとすればそれはどんな数か、という問題も、数学の問題の一つです。

答えは、2と−2ということになります。

$$x>3$$

という条件をみたす数があるかといえば、これは無数にあるわけですね。

それでは、

$$5>x>8$$

という条件をみたす数はどうでしょうか。

そんな数は一つもありません。

このように、あたえられた条件をみたす数があるかないか、ということも、数学の問題になります。

ところで、この時「ある」「なし」が問題になっている数は、目にみえるものでしょうか。数字の2や3などは、たしかに目でみることができます。

しかし、2は、また、二と書くこともできます。1に1をたした数、といっても2の

ことです。つまり、こういった数字やいい方は、いわば数の名まえです。

ちょうど、「ライオン」とかたかなを四つならべて書かれることばが、動物の名まえであって、ライオン自体ではないように、数字も、数の名まえで、数自体ではありません。

そうして、ライオンという四文字のことばをみることができるだけではなく、ライオン自体も、動物園や、アフリカに行けば、みることができます。

しかし、数のほうは、どこにいっても、みることはできません。手でさわることもできません。

それも、何万光年ものかなたというように、遠いところにあるから手でさわれないのでもなく、原子のように小さいから目にみえないのでもありません。

天体や原子のほうは、たとえ、みたりふれたりすることができないにせよ、おおよそどこの場所にあるかということがいえるものですが、数には、そもそも場所がないのです。

また、いつ生じたのか、いつなくなるのか、ということも、数の場合には、問題にはなりません。少しむずかしいことばを使っていえば、「数とは、空間的な位置や時間的な位置を持たないもの」なのです。

数のあるなしをきめる問題についても、公理からはじめる論理的な推論の方法で答えを出すことができます。しかし、このときの公理の正しさは、幾何学の場合とちがって、図形を目でみたり、手で書いたりしてたしかめるわけにはいかないのです。

みたり、ふれたりすることのできない数について、どうやって公理の正しさがわかるのか。これについても、いろいろな意見があります。

しかし、とにかく、人びとが、数についてふだん正しいと信じていることを整理しますと、内容がかんたんで、だれでも正しいとみとめたくなるものがいくつかあることがわかります。

十九世紀後半に、何人かの数学者が、そういう文の中からいくつかを公理にすると、数のさまざまな性質、また、いろいろな条件をみたす数のあるなしを、公理からの推論によって知ることができることを示したのでした。自然科学で使う推論の中には、計算もあり、数学的な証明に似たものもあります。

ですから、自然科学者が、宇宙人や遠い天体のあるなしをきめる手つづきと、数学者が、数のあるなしをきめる手つづきには、似かよった点もあります。

けれども、数学の場合、出発点で、実験や観察による証拠あつめをすることがないというのは、自然科学の場合と大きなちがいです。

このことは、いまのべたことからいえるように、数のあるなしを論ずるときに、とくにはっきりしてくることです。

「心の中に」あることと、ないこと

「そんなことは、ぼくの気持にはなかった」

「心にあることをすっかりいってしまったらどうだね」

こんないい方が、よく使われることがあります。

ここでも、ものごとのあるなしが問題です。つまり、ひとりの人間の心に、一つの考えなり、感情なりが、あるかないかが問題になっているのです。

心にうかんでいることは、時がたてばかわります。だから、そういうものごとについては、いつ生じて、いつなくなったか、という時間のことは問題にすることができます。しかし、どこにあったかということはいえないでしょう。「心の中に」とはいえますが、その心が、もともと、どこかにあるものではないからです。

これが「心の中に」というかわりに「頭の中に」という人がいます。

頭なら、めいめいの首から上にあるものですから、たしかに、場所があるものです。しかし、頭の中をいくらのぞいてみても、感情とか、考えとかいったものをみつけることはできないでしょう。

また、心の中に、一つの気持なり、考えなりがあることは、科学的な実験にもとづいてわかることでもなければ、数学的な計算や証明によってわかることでもありません。

多くの場合、当人に、じかにわかることです。ときには、反省してみて始めて、じぶんに一つの気持があったということがわかることもあります。

しかし、いずれにせよ、当人にわかるといっても、当人は、心の中を目でみるわけでもなく、手でかきまわすわけでもありません。

つまり、ものごとのある、なしをきめるときに、みたり、ふれたりするのでもなく、自然科学的な推論によるのでもなく、数学的な証明によるのでもない、といった場合があるのです。

心にうかぶことがらのあるなしは、そのわかりやすい例の一つです。

神や仏はいるか

宗教を信じている人の中には、神とか、仏とかいったものがいるのだ、といいはる人がいます。一方では、そういうことを信じないで、宗教はみんなまちがいだ、という人もいます。

この、まちがいだという人の中には、宇宙のどこをさがしても、神や仏はみえないということを根拠にする人がいますが、信仰を持っている人にとっては、そういうことが宗教を否定する根拠にはなりません。

「なぜなら、神や仏は、目でみたり、手でふれたりすることができないものだから」と、信仰を持っている人はいうのです。

では、神や仏は、数学でとりあつかうものごとの一つでしょうか。つまり、幾何学的な図形や数のようなものでしょうか。

むかしのギリシアには、数学とたいへん関係の深い宗教があって、ピタゴラスの定理で有名なピタゴラスも、この宗教を信じていた、といわれます。

こういう宗教では、神は数学的なものだったのかも知れません。しかし、現在、日本でおこなわれている宗教の多くは、神や仏と数学的なものとはべつのものだと考えているようです。

では、心とか、心にうかぶものとかのようなものでしょうか。信仰を持っている人たちが心のことをたいへん気にすることは事実ですし、神の心とか、仏の心とかいうこと

FOREVER

ばもあります。

しかし、多くの宗教では、神や仏は、時間のない世界、つまり永遠の世界といわれるところにいることになっています。ですから、時間がたつにつれ、どんどんかわっていく、人間の心とは、ちがったもののようです。

こういうわけで、神や仏のあるなしを論ずるときには、ネッシーや宇宙人や、数や、心にうかぶことなどのあるなしをそれぞれ論ずる時とは、また、ちがった論じ方が、必要になってくるのです。

「ある」とか「ない」とはなにか

「いる」

「いない」

「ある」

「ない」

これらはたいへんかんたんなことばで、ふだん、人びとが、なんとなく使っていることばです。しかし、その使い方が、いつも一通りであるとはきまっていないことは、いままでにのべたことからおわかりいただけたことと思います。

つまり、一口に、「あるなしの問題」といっても、さしていることがらが、場合によって、たいへんちがうのです。それなのに、そういうさまざまのことがらを、みんなおなじいい方でよぶのは、どういうわけでしょうか。

人間に同名異人があるように、ちがったことがらをさすのに、たまたまおなじことばが使われているというだけのことでしょうか。

どうもそうではなさそうです。

たいへんちがったものごとについて、あるかないかが問題になるということと、人間が世界やじぶんのことを考えるときのさまざまな考え方の底にある、かなり根本的なことがらとのあいだには、深い関係がありそうです。

こういう予想にたって、ものごとがあるかないかについてのさまざまな問いや、その問いへの答え方のあいだの関係をしらべていく分野を、「存在論」といいます。

いままでのべたことから察せられるように、自然科学や数学にも、存在論的な面があります。たとえば、自然科学が、証拠にもとづいていろいろなものごとのあるなしをきめて行くやり方も、決して一通りではありません。

それらのやり方を比較し、その共通面とちがいとをしらべることとは、自然科学の中にくみこまれている存在論だといえるでしょう。数学者のあいだでも、数学的なものごとのあるなしをめぐって存在論的な議論がたたかわされることがあります。

しかし、自然科学的なあるなしのきめ方、数学的なあるなしのきめ方、心にかんすることがらのあるなしのきめ方、宗教的なことがらにかんするものごとのあるなしのきめ方をくらべ、さらに、ほかにも、ものごとのあるなしのきめ方があるか、あればそれはどういうものか、などということをしらべて行くしごとは、哲学のしごとだということになるでしょう。

じっさい、存在論は、古代からひきつづき、哲学の大きな分野の一つだったのです。

まえに、唯物論は正しいかどうか、という問いへの答えを出さないままに、話をすすめてきました。ここまでくると、唯物論の正しさをたずねる問題は、存在論の問題だということがわかるでしょう。

物体だけがあるのだと主張するのが、唯物論でしたが、それでは、この主張の中でいわれている「ある」というのは、どの意味の「ある」なのでしょうか。「目にみえ、手でふれることができる」というだけの意味なら、自然科学があるとみとめているもの、とくに、物体とみとめているものの中には、この意味では、ないとしなくてはならないものが多いことをみとめなくてはならなくなります。

ふつう、唯物論者は、自然科学の正しさをみとめていますから、この、ごくせまい意味で、「ある」ということばを使っているのではないでしょう。

少なくとも、自然科学的な意味であるとされているものは、みな、あるのだとしているのでしょう。

さて、自然科学的な意味であるとされているものは、かならずしも、ふつうの人が考えているような物体だけにはかぎりません。光や電気にかんするものごとのなかには、動物や植物、鉱物のように、ふだんみなれている物体とはだいぶちがったものがあります。

物体をこまかく分解していくと、おしまいには分子になるといいますが、分子にしたところで、ふつうの人が考えている物体とはかなりちがったものです。

だから、唯物論が、自然科学をみとめるのだとすれば、「物体だけがあるのだ」という、一見なにげなくいわれているその主張の中にこめられている意味をくみとるには、自然科学の存在論をくわしくしらべる必要があることになります。

そうして、そのことだけでも、決してやさしいことではありません。

そのうえ、近ごろの自然科学は、人間がものごとを知ろうとする心のはたらきのことも考えます。それは、かならずしも、脳のことが自然科学的にくわしくわかってきたので、心のことを脳に関係づけて理解することができるから、というだけのことではありません。

無生物のことをしらべるときにも、その無生物について知ろうとしている、人間の心のはたらきのことを考えにいれなくてはならない場合がでてきたのです。

自然科学者の中には、唯物論的な人がかなりいて、やがては、心のはたらきといわれているものが、すべて脳についての知識によって説明されるようになるだろう、と信じていることは事実です。

しかし、そのときの「説明される」ということは、いったいどういうことか、という点になると、かならずしもはっきりとはいいにくいのです。

このことは、自然科学の研究をするために、心のことを考えにいれなくてはいけない、ということと関係があるようです。

しかしまた、唯物論者に反対の人たち、たとえば、心のはたらきは、自然科学がどんなに進歩しても、自然科学的には理解しつくせない面を持っていると主張している人たちのいうことも、かならずしもはっきりしているわけではありません。

この人たちも、自然科学的な意味でのものごとのあるなしのきめ方を、くわしくしらべたうえでものごとをいっているとはかぎらないからです。

それに、自然科学の体系は、かならずしも一定しているものではなく、時間がたつにつれて、大きくかわっていくものです。いまの自然科学の考え方も、そのうちには、大はばにかえられるようになるかも知れません。

ですから、いまの自然科学がいつまでも正しいものときめこんで、存在論をすすめて行くことにも疑問があるのです。

さらに、数学的なものごとのあるなし、宗教的なものごとのあるなしを論ずるときに、自然科学的なものごとのあるなしの議論をそのままあてはめることが、かならずしも適当ではないことは、まえにもいったとおりです。

そのことを考えにいれたうえでなお、「物体だけがあるのだ」と主張する人があるとすれば、この人の主張の内容は、かなりこみいったものだということになるでしょう。

つまり、唯物論の正しさを吟味するためには、存在論の全体についてしらべなくてはならないということになるのです。これはたいへんなしごとになります。

現代の哲学者も、かならずしも、このしごとをじゅうぶんになしとげているわけではないのです。

あるいは、べつのいい方をすれば、「物体だけがあるのだ」という、かんたんないい方をしているだけの唯物論者は、現在の存在論の複雑さを考えると、じぶんのいいたいことを、じゅうぶんに、はっきりといってはいないということにもなるでしょう。

このごろは、唯物論者といわれている人の中にも、存在論のさまざまな点にくわしくふれながら、その主張の意味をときほぐしていこうとする人たちがでてきました。

そうなると、しかし、その主張は、ここで一口にのべることはむずかしいような、いりくんだものになってきます。

宗教的なものごとについての存在論も、かならずしも、かんたんなものではありません。

たとえば、キリスト教の教会の中には、信者がどういうことを信じているかをかんたんな文章であらわしているところがあります。

この文章でのべていることを信じますといっている信者がふたりいたとして、ふたりともおなじことを考えているかどうかはわからないということがあります。それは、その文章の内容を絵にかいてもらったりするとわかってくることです。

おなじキリスト教の神話のことをかいた絵でも、国によって、あるいは描いた画家によってずいぶん印象がちがうことは、美術全集などをみた人は知っているでしょう。

すると、その文章で、たとえばキリスト教的な神がいるといっている時の、神とはどんなものかということが問題になってくるのです。

ふたりのうちどちらが考えているほうの神がいるのでしょうか。それとも、ふたりがそれぞれ考えている神がべつのものだとしたら、神はふたりいるということになるのでしょうか。

しかし、キリスト教では、ふつう、神はひとりしかいないといっています。

宗教を否定する人もいますが、否定しようとしている内容がかならずしもはっきりしないのでは、否定することの意味もぼやけてくるということになります。

今日では、さいわい信仰の自由がかなりゆるされていて、宗教を信ずることも、信じないことも、それぞれの人がじぶんできめることだということになっています。

しかし、かつては、一つの宗教を信ずるか信じないか、また一つの宗教の信仰内容をきめている文章の意味をどう解釈するかをめぐって、血みどろのたたかいがおこなわれたことがあったのでした。

そのころは、宗教的なことがらについての存在論をしらべることも、場合によっては、いのちがけのことにもなったのです。

宗教について、人びとが、ゆとりのある考え方をするようになったのはよいことでしょう。しかし、今日でも、世の中の困った問題を解決するためには、宗教をもっとさかんにしなくてはならないという人がいます。

そういう人たちのいいぶんが、どこまで正しいかを吟味しようとすれば、宗教的なもののごとについての存在論を、いまよりもっとつっこんで考えなくてはならないということにもなるでしょう。

第4章

人間の「心」とはなにか

ねこの「心」とコンピュータ

この本は、ねこの話からはじまりました。

そうして、ねこはたいへん好奇心の強い動物だけれども、人間のほうがもっと好奇心が強いだろう。たとえば、死んでからのちの世界についても、人間は好奇心を持つが、ねこにとっては興味はないだろう、ということをその話の中でいっておきました。

しかし、どうしてそうだといいきれるのか、という疑問を持つこともできます。

ねこは人間のようには話しませんから、だれも、ねこに、「死後のことを考えますか」などときいて、たしかめるわけにはいきません。それなのに、どうして、ねこの心のことがわかるのでしょうか。

むかしの人たちは、人間以外のほかの動物も、人間とおなじような心を持っていると考えていました。このことの名残りが、いまでも童話や漫画にのこっています。

この考え方がだんだんすたれてきたのは、けっきょく、ほかの動物が、ことばが使えないからでしょう。童話や漫画に出てくるけものや鳥は、ことばを自由に話しますが、それは空想上のことにすぎないということを、ほとんどの人が知っています。

もっとも、九官鳥は、じょうずに人の話の真似をしますし、サルには人間のことばに近いものを使うように教えこむことができるという研究もあります。

しかし、九官鳥が、口真似ではなく、じぶんのいいたいことを人間のことばで話すということはほとんどないようですし、サルのことばの使い方も、人間にくらべれば、たいへんかんたんなものです。

ところで、まえにもいいましたように、このごろは、ことばを使うことができる機械、つまり、コンピュータができました。

これは、九官鳥やサルにはとてもできないような複雑な計算をします。コンピュータをそなえた機械をほかの天体におくって、そこの様子をしらせてもらうということまで、このごろでは、おこなわれるようになってきました。

それでは、コンピュータには人間とおなじように心があるといってよいでしょうか。

多くの人は、そんなことはないといいます。コンピュータは機械にすぎないといいます。しかし、ねこには、人間とくらべるとずいぶん単純なものであるにせよ、心があると考えている人が多いようです。

もっとも、ヨーロッパには、人間とほかの動物をきびしく区別し、人間には心があるけれども、ほかの動物にはないかも知れないと考えている人もかなりいるようですが、日本人の場合には、ねこ、犬、馬などのけものにも心があると考えている人が多いようです。

すると、心があるかどうかという問いは、ことばが使えるかどうかだけで答えられる問いではないということになりそうです。

では、どういう手つづきで、この答えがみつかるのでしょうか。

また、人間にも、無口な人がいます。なかには、からだの上のハンディキャップがあって、話すことができない人もいます。しかし、そういう人たちにも、心があると考えるのがふつうです。

ですから、そういう人たちのこともいたわっていかなくてはならないとするのが、道徳です。

コンピュータをこわすことは、お金のうえでもったいないことですけれども、もし口のきけない人をすくうためにコンピュータをこわす必要が生じたら、だれでもコンピュータをこわすでしょう。

これも、ことばが使えるか使えないかだけで、心のあるなしをきめてはいないことの証拠の一つだといえます。ではどうして、人間にはだれでも心があるということがわかるのでしょう。

じつをいえば、ふだん人びとは、心のあるなしをどうやってきめるかを考えぬいたうえで、人間やけものには心がある、コンピュータや植物には心がない、ときめているわけではないのです。

むしろ、はじめから頭ごなしにそうきめてかかることから、人間の社会生活ははじまっているといってよいでしょう。

もっとも、自然科学がすすんで、心のはたらきと脳のはたらきとの関係がわかってきますと、その知識をもとにして、たとえば、植物には脳にあたるものがないから、心のはたらきもないだろうとか、ねこの心は、人間の心よりずっと単純だろうかということを、おしはかることもできるようになりました。

しかし、自然科学が発展するまえから、人間は、おたがいが心を持っていることを無条件にみとめてきましたし、ことばが話せないけものについても、日本人は、心があるだろうと思ってきました。そのうえ、ねこや犬の心は、人間の心よりは単純だろうと思ってきたのです。

コンピュータのような機械がどんどん進歩しつづけた先について考えますと、自然科学的には、むしろ、機械にも心があるようになるかも知れないといいたくなります。あるいは、おなじことですが、人間も機械のようなものではないかと考えたくもなります。

このことを証拠にして、「心があると思うのは迷信だ」とする唯物論者もいます。

ところが、コンピュータが進歩する可能性はみとめたうえで、機械に心があるという

ふうにはどうしても考えたくない人、人間を機械だとは考えたくない人も、おおぜいいるのです。

ねこやコンピュータにそれぞれ心があるかどうかという問いは、このようにして、人間が、じぶんやほかのものを、どういうものだと考えたいのか、という問いとつながってきます。

つまり、物体に関することをしらべるときには、こうしたい、ああしたい、といった欲のことは、いちおうすてておかるのが、正しいやり方だとされていますが、心にからむ問題になりますと、じぶんがなんでありたいか、ほかのものとどのようにしてつきあっていきたいか、ということを考えあわせないと、答えが出しにくいという人が多くなってくるのです。

このごろ、環境問題がやかましくなるにつれて、自然を尊重せよということがいわれるようになりました。そういうことを叫ぶ人の中には、自然一般や、植物のことを、心があるもののようにいう人もずいぶんいるのです。

このことも、人間の、ああいう環境に住みたい、こういう環境に住みたくない、という願いが、心の問題と関連していることをしめしています。

人間の欲望にかぎりはない

心の問題は、まえにのべたように、存在論の中であつかうこともできますが、いまのべたように、ああしたい、こうしたくない、ああいうものでありたい、こういうものになりたくないといった、欲や願いの問題と関連させてあつかうこともできます。

ところで、この欲や願いの中には、「空腹だからなにかたべたい」、「のどがかわいたから水がのみたい」というような、単純なものもあります。

しかし、「いい環境に住みたい」という願いなどは、口でいうほどかんたんなものではありません。

たとえば、大都会に住んでいる人が、生活のいそがしさにくたびれきったからといって、自然のゆたかな、静かな地方にうつれば満足できるかといえば、そうとはかぎりません。地方に行けば行ったで、刺激がなくていやだという気持になってしまう人も多いのです。

一般に、じぶんがなにを欲しているのか、ということを、くわしくみきわめるということは、決してかんたんなことではないのです。

とくに、身体がどんどん成長している若いころは、心のほうもはげしくゆれうごきますから、じぶんがほんとうにやりたいことがなになのかが、なかなかきまらないということがあるのは、よくわかることですが、じつは、成長がいちおう終わり、はためには、おちついた生活をしているようにみえるおとなでも、生き方についていろいろなやんでいるということは、よくあることなのです。

アリストテレスの先生はプラトンですが、そのまた先生のソクラテスは、人間が一番したいことはなになのか、という問題を一生考えつづけた人でした。この問題は、一見、かんたんな問題にみえます。つまり、そのときどきをとってみれば、やりたいことははっきりしていることが多いからです。夜になればねむいし、退屈になればテレビをみたい、といったふうに。

しかし、そのときどきにやりたいことをかたっぱしからやっていったからといって、人間は、幸福になれるとはかぎらないのです。

なんでも好きなことができるようにみえる大金持の人のなかにも、生きるうえでのなやみをかかえている人がけっこういることからも、このことはわかります。

ソクラテスは、思いつきでこの問いに答えを出す人たちを相手に議論をしては、そういう答えがかならずしもじゅうぶんなものではないことを明らかにしていったのでした。

そうして、じぶん自身でうまい答えをみつけようと努力しながら、完全な答えを手にいれることができないままに、世を去ったのです。

どの人間にとっても、ほんとうにしたいことはおなじものであるはずだ、とソクラテスは考えていたようですが、この考え方は、かならずしも正しいとはかぎりません。

歴史をふりかえってみても、人間の生き方の理想といったものは、国により、時代により、ずいぶんかわっていることがわかるからです。

しかし、ひとりひとりの個人が、じぶんにとってほんとうにやりたいことはなにかということを、つじつまのあったかたちで表現しようとつとめることは、ときには、たいへん大事なことになります。

たとえば、社会をどのような方向に発展させようとするのかを、みんなで相談のうえきめようというときには、めいめいの希望を持ちよって、そのあいだの調和点をみつけることがまず必要になります。

そのときには、じぶんの希望がなんであるかをいわなくてはなりません。それをあらためてことばに出していってみると、意外につじつまのあわない点の多いことに気がつくことがよくあるものです。

たとえば、「自由、平等、友愛」ということばは、フランス革命の旗じるしになったことばで、多くの人の希望をあらわしているものとされてきました。ところが、自由と平等ということを両方ともじゅうぶん実現するというのは、たいへんむずかしいことだということが、ほうぼうの国の政治上の経験からわかっています。

また、そういう経験のことはあまり知らなくとも、自由と平等ということを少しつきつめて考えてみるだけでも、この二つが両立しにくいものだということは、あるていどわかるのです。

おいしいものと美しいもの

よく「名物にうまいものなし」といいますが、人においしいといわれたものをたべに行って、「ひょうばんほどおいしくない」と感じた人が、こういうことわざをつくったのでしょう。

一般に、たべもののおいしい、まずいについて、人びとの感じ方に、かなりちがいがあることは、よく知られていることです。

あまいものが好きな人もあれば、塩からいもののほうがいいという人もいます。お酒が好きな人も大きらいな人もいます。また、おなじ人でも、年をとるにつれ、たべものの好みがかわってくることがあります。

だから、おいしい、まずいについて、一般的なことはいえないはずなのです。

それなのにまた、人びとは、おいしい、まずいの問題について夢中になって議論をすることがあります。まるで、おいしいかまずいかは、議論できめられることであるかのように。

似たことは、音楽や美術作品の美しさについてもいえるのです。

一方では、この美しさについて人びとの感じ方が一様ではないことを、だれでも知っています。

三味線が好きな人もいれば、ピアノが好きな人、オーケストラが好きな人もいる。ピアノが好きな人の中でも、モーツァルトがいいとか、ショパンがいいとか、あるいはジャズがいいかで意見がわかれるといったぐあいです。

しかし、その一方では、音楽コンクールとか、展覧会とかいったものがあって、作品のよしあしの競争がおこなわれます。そのときには、どれが美しくてどれがそうではないかについて、ずいぶんはげしい議論がおこなわれることもあるのです。

これはいったいどういうわけなのでしょうか。

人間、あるいは個人にとってほんとうにしたいことはなにか、また、おいしいとか美しいとかいうのはどういうことかを論じるのも哲学のしごとです。このことを論じる分野を価値論といいます。

その中で、したいことを考えるほうを倫理学、おいしさ、美しさのことを考えるほうを美学といって区別することもあります。

価値論は、哲学の中でも古い分野の一つです。

とくに、倫理学は、ソクラテスの例からもわかるように、哲学の根ともいうべきものだといわれています。しかも、一方では、いまなお哲学者の意見がなかなか一致できない分野、つまり、一番むずかしい分野だといえるでしょう。

とくに、おいしさ、美しさの問題は、けっきょく、いつまでたっても答えのでない問題だろうという哲学者もいるぐらいです。それでも、価値論は、ひじょうに多くの哲学者をひきつけています。

むずかしいだけに魅力も大きいのかも知れません。

なお、今の世の中では、経済の問題がたいへんだいじだということは、だれでも知っていることですが、経済のことを考えつめて行くとまた、価値論の問題にぶつかるのです。

それで、経済学者の中にも、価値論のほうで哲学的なしごとをしている人が何人もいるのです。

また、法律学にも、価値論と関連する分野があるのです。

第5章

答えは一つではない

人の答えとじぶんの答え

これまでに、いくつか、哲学の問題について考えてきましたが、それらについての答えは、ほとんどのべませんでした。答えといわれるものがある問題についても、答えが正しいかどうかについてははっきりいうことはさけてきました。

これは、哲学では、まえの人が出した答えを後の人が正しいかどうか吟味しなおすということが、しょっちゅうおこなわれているため、これが答えだというような答えというものが、あまりないからでもあります。

しかし、それよりも、哲学は、じぶんで考えながら、問題をみつけ、解いて行く学問だからです。

もう少しくわしくいえば、大多数の人があまり気にしないことが気になって根ほり葉ほり考えて行く人が、哲学的な人なのです。そうして、その、気になることは、哲学者によってもちがってきます。

また、その解決の仕方も、人によってちがってくることがあるのです。

その点、自然科学が安定しているときに、一つの問題を、大ぜいの科学者が、共通の方法でせめて行くのとは、ちがった感じがします。

しかし、自然科学でも、大きな変化があるときには、かなり哲学的になる科学者が出てくることがあるのです。

そのときには、問題のたて方、解き方について一定の基準があるわけではありませんから、そういう科学者はたいへん苦しむことになるのです。

哲学的になることは、だれにでもできることではありませんし、また、そうなるから偉いといったものでもありません。

しかし、哲学的になるきっかけがどこにあるかを知っておくことは、だれにとっても、だいじなことだと思います。そのうえで、そのきっかけをつかむかどうかは、人によってちがうことですから、ここでは、きっかけになる問題だけをならべておいたのです。

じぶんの学問と人の学問

さて、かりに、きっかけをつかんだとしましょう。

それからさきの勉強は、かならずしも楽なものではありません。たとえば、存在論をやろうと思えば、少なくとも科学や数学のことをかなり知らなくてはならなくなります。場合によっては、宗教のこともしらべなくてはなりません。

つまり、ほかの学問をする人よりも、余計に、多くのものごとを知らなくてはいけなくなる場合があるのです。

もっとも、なかには、デカルトのように、ほかの学問のことを気にせずにじぶんひとりで考えつめるだけで、哲学上のしごとをなしとげたといっている哲学者もいます。

そうして、デカルトの哲学には、いまでも高く評価されている面があるのです。

しかし、じつは、デカルトにしても少年時代、ひじょうに多くのことを勉強しているのです。また、哲学を始めてから、じぶんひとりの考え方にこだわりすぎたところでは、失敗もしています。

このように、哲学には、じぶんで問題をたて、解いて行かなくてはならない面と、ほかの学問の成果をくわしくしらべなければならない面とがあります。ですから、哲学の勉強はかならずしもやさしくはないのです。

しかし、その初歩を実習してみようとするのは、それほどむずかしいことではないかも知れません。

たとえば、自然科学で正しいとされていることの根拠はどこにあるのだろうか、ということをつっこんで考えてみることは、哲学のよい訓練にもなると思います。

そのとき、おなじ関心を持っている友人がいたら、その点についていろいろ議論してみれば、なおおもしろいでしょう。

もう少し具体的にいえば、地動説の根拠をたずねることから哲学の勉強を始めることもできます。そのうえで、哲学の本をひもとけば、さらに参考になることをみつけることもできるのではないかと思います。

さらに考えたい人に

今日の日本では、哲学は大学に行ってはじめて学ぶのがふつうになっています。もっと早くから哲学を教える国もありますが、それでも小学校から教えるという国はないようです。

これは、哲学は、あるていど年をとってからでないとわからない学問だと考えられていることによるのでしょう。

この考え方にはたしかにもっともなところがあります。

その証拠に、数学などでは、ごく小さい時から才能をあらわした人が何人もいるようですが、たいへん若いときに、哲学のほうですぐれた仕事をしたという人は、ごく少数の例外をのぞけば、まず、いないといってよいぐらいです。

しかし、だからといって哲学が、小学生にまったく縁のない学問だときめてしまうわけにもいかないと思います。

小学生、あるいはそれ以下の年の人たちが持つ疑問の中には、哲学につながるものもかなりあるようです。

そういう疑問をどこまでも追って行きたいと感じている年少の人たちに、哲学という学問があることを知ってもらうことはむだではないと思います。

そう思ったからこそこの本を書いたのです。

ただ、この本につづけて、すぐ哲学の本を何さつも読むことが、たとえば、小学生あるいはそれ以下の年齢の人にとって適当なことかどうかは、わたくしにはわかりません。

むしろ、もう少し年をとるのを待って、それから哲学の本にとりつくほうがいいといった場合が、多いかも知れません。

というのは、哲学の本は、たいがい、十七、八歳以上の人に、場合によっては、もっと年とった人に、読んでもらうことを頭において書かれているからです。

しかし、おとなむきの哲学の本がどんなものか少しのぞいてみたいという人は、プラ

トンの対話篇《へん》（『ソクラテスの弁明』『クリトン』『饗宴《きょうえん》』など）をぱらぱらめくってみると、すこしは見当がつくかも知れません。

プラトンの本は、今でも多くの哲学者に議論の種を提供しているぐらい、いろいろこみいった問題をとりあつかってはいるのですが、ところどころがお話ふうに書かれているため、読むだけならごく年若い人にも、すらすら読めるところがあるからです。

哲学の本は読まないとしても、しかし、じぶんでいろいろ哲学的なことを考えてみたい、という人もいるでしょう。

哲学的な疑問がわいてきたら、それをそだてていくことは、大事なことです。

そのためには、ひとりだけで考えているよりも、まわりの人に話をして、いっしょにその疑問のことを考えていくのがよいのです。

しかし、多くの場合には、まわりの人に、じぶんが考えている哲学的な疑問の意味をわかってもらうだけでも、なかなか、骨が折れることと思います。

というのは、哲学的なことにぜんぜん興味のない人もいますし、また、哲学的な疑問

と、科学的な疑問とを区別することも、かならずしもやさしくはないからです。

本文にも書いておいたように、哲学的な疑問は、科学的な疑問といっしょにわいてくることが多いのですが、科学的な疑問のほうは、科学者から答えをもらうと、いちおう解決がつくのに、哲学的な疑問のほうは、そういう解決がえられたあとで、さらにいっそうふかまってくることも多いのです。

けれども、そのことがよくわからず、「科学者が、あるいは科学の本が、答えを出してくれているんだから、それ以上、なにも考えることはいらないじゃないか」という人も多いでしょう。

そういう人に、哲学的な疑問の意味をわかってもらうのは、なかなかむずかしいことです。

しかし、なかなかわかってもらえないときに、わかってもらおうと、いい方をいろいろくふうしてみることが、哲学の勉強のためのよい方法になることがあるのです。

つまり、いい方をくふうするということで、じぶんの考えがよく整理されてくるからです。そういうくふうをしない人の考え方は、ときどき、ひとりよがりなものになることがあります。

といっても、努力にも、限度があります。

まわりに、哲学的なことに興味を持ってくれる人がどうしてもみつからないときには、あきらめて、もう少し年をとるまで、哲学のことを考えるのは、やめてしまってもいいでしょう。

何年かたったときに、哲学のことを思い出してみると、あんがい、よい勉強なかまが、まわりにみつかるかも知れません。

もちろん、ひとりで考えつめていって、哲学のうえで大きな仕事をするようになる人も、若い人たちの中にいるかも知れません。

ただ、一般論としていえば、哲学は、ひとりだけでやっていては、特にごく若いときになかまもなしに考えているだけでは、あまりはかばかしくすすまない学問です。

そのことでくよくよしすぎると、からだをこわしてしまうかも知れません。

だから、そういうなかまがなかなかみつからない人は、若いうちは、哲学のことを考えるのは、ほどほどにしておいたほうがよいかもしれません。

おわりに

一

この本は、もともと小学生のための哲学の本を書いてほしいという依頼に答えて書いたものです。しかし、出版されると、中学生や、もっと年長の大人の読者もあらわれたようです。

四十年前に初版が出た本ですから、例に使った話には、古くなっているものがあります。そういうところは現代風にあらためました。しかし、話の大筋は古くなってはいないと思い、そのままにしておきました。

この「おわりに」では、この四十年のあいだに話題になったことがらで、哲学に関係があると思うことについてふれてみることにしたいと思います。

二

この本では九官鳥のことを、人真似はじょうずだけれど、自分のいいたいことを人間のことばで話すことはほとんどないようですと書いています。ひょっとしたら、自主的に話す九官鳥がいるのかも知れませんが、そういう話はまだきこえてきませんので、ここは「ないようです」のままにしておきます。

さて、オウムも、むかしから人間のことばをまねることができる鳥として知られていますが、そのまねも、いわれたことを「オウムがえし」にくりかえすというもので、人間と対話することはできないと思われていました。オーストラリアで飼われていたオウムが、飼主といっしょにニューヨークに引っ越してからのある冬の日、飼主がなにもいわないのに「ああ、寒い、オーストラリアの御飯が食べたい」といったという話がありますが、あるアメリカの女性の心理学者にその話をしたところ、「それは、コインシダンスよね。あなた、まさかオウムが自主的に話したなどと思っていないでしょうね」ときめつけられたことがあります。ここで「コインシダンス」というのは、偶然の一致といったことで、飼主がべつのときにいった「ああ寒い」とか、「オーストラリアの」とか、「御飯を食べたい」とかいったことをおぼえていて、それを、時をへだててオウムがえししたに過ぎないと彼女はいいたかったようです。

一方、おなじアメリカの女性の研究者で、オウムに人間との対話をさせることができないかと考えたイレーン・ペッパーバーグという人がいて、大学院生とチームを組み、アレックスと名付けたオウムの訓練を始めました。この計画はみごとに成功し、アレックスは、オウムがえしではない会話を人間とするようになりました。それは、みせられたものの名前、色、個数をきかれて答えたり、かんたんな計算問題をあたえられて答えをいったりするというものでしたが、そのほか夜ねるときに人間と挨拶のことばをかわしたりもしました。その様子をみせたビデオが日本のテレビでも放送されたことがあります。

九官鳥やオウムは人間の声と似た声で話すことができますが、サルは声帯の関係で人間のことばを発音することがほとんどできません。そのため、むかしこころみられた、サルに人間のことばを話させようとする研究は成功しませんでした。最近になり、声を使わず、視覚にうったえる手段で人間のことばを使わせる研究が始まりました。日本では、京都大学の霊長類研究所でチンパンジーにミニコンのディスプレイをもちいて言語コミュニケイションをさせる研究が年来おこなわれて大きな成功をおさめています。その様子もテレビで放送されたことがあります。

こういった例は、人間以外の動物にも言語をあつかう能力があることを示すものだとしている人たちがいます。一方、そういう結論に強く反対している人もいます。

その反対論者の中には、宗教の影響を受けている人たちがいます。人間は万物の霊長として神により創造されたものであり、言語をあつかう能力はこの霊長だけにあたえられているものだというのです。

宗教を前提にしない人たちの中にも、つぎのような理由で、ことばは人間の独占物だとしている人たちがいます。人間の脳の中で言語の使用に関連のある部分を言語野といいますが、この言語野がほかの動物にはみられないので、言語が使用できるのは人間だけだというのです。

「言語活動」ということばの定義の中に「言語野を使用する」ということがふくまれているなら、この主張は文句なく正しいものになります。しかし、むかしから、人間の言語活動は、多くの人により、観察され、考察されてきましたが、神経科学が発達するより前には、そのさい、言語野のことを引き合いに出す人はいなかったでしょう。

人間やけものや鳥や昆虫は、地上を移動するのに脚を使います。しかし、蛇には脚がありませんが、蛇も立派に地上を移動します。このことはだれでも知っていますから、地上を移動することの必要条件に「脚をもちいる」は入れてこなかったのでしょう。

アレックスの中枢神経系は、人間のものとは大分ちがっていたでしょう。ペッパーバーグさんは、マイクロソフト系のコンピュータとマッキントッシュとでは、ハードウェアも、OSもずいぶんちがうが、それでも一方の上で走るプログラムを他方に移植できるという例をひいて、中枢神経系のちがいをいいたてて、アレックスの言語活動の能力を否定することはできないとしています。

三

言語野の存在を言語使用の必要条件にしたい人の気持をささえる事情として、神経科学の急速な進歩をあげることができるかも知れません。心のありかとして脳を想定する考え方はずいぶん古くからあったようですが、実証的にうらづけられるようになったのは、十九世紀の末に失語症の患者の脳を死後解剖したときにみられる病変の研究が始まって以来のことといわれています。最近では、生きている人の脳をきずつけずにその状態を知るためのさまざまなスキャナーが開発されたこともあり、心の状態と中枢神経系の状態との関係についての研究は大いに発展しました。そこで心の中で起きていることがらをのべるときに、それに対応する中枢神経系のことがらをあわせてのべることが多くなりました。ときには、「心」ということばのかわりに「脳」ということばを使うことさえあるようになりました。

そうなると、言語を考えるときにも言語野との関係を念頭に置くことがあたりまえになり、言語野と関係のない話には関心がなくなるのかも知れません。

その一方で、従来、人間が心を使ってしてきたことがらが、中枢神経系の構造がちがうどころか、脳をまったく持たないものによって果たされる面が大きくなってきたということがあります。いうまでもなく、コンピュータのハードウェア、ソフトウェア両面の急速な進歩によることです。

コンピュータの論理回路と呼ばれる部分と脳の神経網との形式的な類似は興味深いものですが、コンピュータは、神経網をなぞって開発されたものではありません。人間が計算をするときの操作を分析して、高速で大量の計算をするしくみを設計してつくられたものです。そのハードウェアは、人間の中枢神経系とは、あの形式的な類似をのぞけば、物理的、化学的にずいぶんちがったものです。しかし、いったんできあがってみると、心をもちいておこなって来たことを能率よく代行するプログラムがつぎからつぎへと開発されました。

最近では将棋で人間を負かすコンピュータのことが話題になりましたが、このさい、勝つことを目的に開発されたしくみは、棋士が構想する手順をそのままなぞったものではないといわれます。

要するに、コンピュータは心を持つ機械と呼ばれることもありますが、人間が心をもちいて到達する結果を出すからそう呼ばれるので、その結果に至る道筋は、人間の心が通る道筋とは必ずしもおなじではないのです。コンピュータに心があるとはいいたくない人たちも多いのですが、その人たちは、このことを意識しているのかも知れません。

四

人間の心と中枢神経系との密接な関係についての知見がふえてくると、「中枢神経系が不可逆的にこわれたら、いわゆる脳死の状態になったら、心のはたらきもまったくなくなる」という考え方に傾く人がふえたようです。つまり来世はないとする考え方が有力になったのです。

その一方、来世や輪廻《りんね》を信じている人もまだ多数いるようです。臨死体験の報告例がふえてから、来世の存在を信ずるようになったという人が、科学者の中にもいます。しかし、臨死体験をした人がいることはみとめた上で、だからといって来世の存在が証明されたわけではないという人もいます。

以上、最近の話題の中から哲学に関係があることをいくつかとりあげました。論争点になっていることにもふれましたが、そのさいどの立場が正しいと思われるかには、あえて言及しませんでした。読者がどの立場が自分にとって納得の行くものかを考えてみることを期待します。

この本の復刊をすすめて下さったのは、編集部の平野洋子さんです。平野さんはもちろん小学生ではなく、大人の読者として興味を示して下さったのです。そのことをうれしく思うとともに、いまでも小学生にも読んでもらえるかがちょっと気になります。

平野さんには校正その他でお世話になりました。お礼を申しあげてこの本を終わります。

二〇一七年八月

吉田夏彦

本書は一九七七年、国土社より刊行されたものに加筆・修正を施したものである。

ちくまプリマー新書

227
考える方法
——〈中学生からの大学講義〉2
永井均 池内了 管啓次郎
世の中には、言葉で表現できないことや答えのない問題がたくさんある。簡単に結論に飛びつかないために、考える達人が物事を解きほぐすことの豊かさを伝える。

226
何のために「学ぶ」のか
——〈中学生からの大学講義〉1
外山滋比古 前田英樹 今福龍太
大事なのは知識じゃない。正解のない問いを、考え続けるための知恵である。変化の激しい時代を生きる若い人たちへ、学びの達人たちが語る、心に響くメッセージ。

276
はじめての哲学的思考
苫野一徳
哲学は物事の本質を見極める、力強い思考法を生み出してきた。誰もが納得できる考えに到達するためのその思考法のエッセンスを、初学者にも理解できるよう伝える。

003
死んだらどうなるの？
玄侑宗久
「あの世」はどういうところか。「魂」は本当にあるのだろうか。宗教的な観点をはじめ、科学的な見方も踏まえて、死とは何かをまっすぐに語りかけてくる一冊。

054
われわれはどこへ行くのか？
松井孝典
われわれとは何か？　文明とは、環境とは、生命とは？　世界の始まりから人類の運命まで、これ一冊でわかる！　壮大なスケールの、地球学的人間論。

chikuma primer shinsho

ちくまプリマー新書287

なぜと問《と》うのはなぜだろう

二〇一七年十一月十日　初版第一刷発行

著者　吉田夏彦（よしだ・なつひこ）

装幀　クラフト・エヴィング商會

発行者　山野浩一

発行所　株式会社筑摩書房
東京都台東区蔵前二‐五‐三　〒一一一‐八七五五
振替〇〇一六〇‐八‐四一二三

印刷・製本　株式会社精興社

ISBN978-4-480-68990-0 C0210 Printed in Japan

乱丁・落丁本の場合は、左記宛にご送付ください。
送料小社負担でお取り替えいたします。
ご注文・お問い合わせも左記へお願いします。
〒三三一‐八五〇七　さいたま市北区櫛引町二‐六〇四
筑摩書房サービスセンター　電話〇四八‐六五一‐〇〇五三